MAT®
Gehirn-Jogging

Einführung in das MentaleAktivierungsTraining

von
Siegfried Lehrl
Maria Lehrl
Elisabeth Weickmann

INHALT

VORWORT

Das **M**entale **A**ktivierungs**T**raining ist in seiner praktischen Anwendung darauf ausgerichtet, daß es ohne Vorbereitung und ohne Vorkenntnisse durchführbar ist. Jeder soll seine geistige Leistungsfähigkeit trainieren können: mit so wenig Aufwand wie erforderlich und soviel Wirkung wie möglich.

Dennoch besteht offenbar vielfach der Wunsch, neben dem praktischen Üben auch noch etwas über die Funktionsweise des **M**entalen **A**ktivierungs**T**rainings in seinen verschiedenen Aufgabentypen kennenzulernen.

Diesem Wunsch versuchen wir nachzukommen, indem wir das Prinzip des **M**entalen **A**ktivierungs**T**rainings kurz gefaßt darlegen und im praktischen Teil dieses Buches die drei grundlegenden Aufgabentypen in konkreten Beispielen vorstellen.

Im Januar 1994

Die Autoren

WARUM UND WANN GEHIRN-JOGGING DURCHFÜHREN?

Mit Geist und Gedächtnis ist es wie mit der Muskulatur. Wird sie einige Tage nicht gefordert, nimmt sie ab.
Einige Tage lang geistig wenig zu tun, genügt bereits. Dann machen Messungen schon den Abbau sichtbar. So sinken, wie deutsche Studien zeigen, bei Krankenhausaufenthalten innerhalb weniger Tage das Intelligenz- und Gedächtnisniveau: in fünf Tagen um 5 Punkte im Intelligenz- und Gedächtnisquotienten, in drei Wochen um 20 Punkte. Wie amerikanische Untersuchungen belegen, sinkt nicht nur rasch die geistige Leistungsfähigkeit, sondern gleichzeitig wird man depressiv.

Daher sollte man es gar nicht erst zu dieser Untätigkeit kommen lassen. Man kann sofort beginnen, seine geistigen Fähigkeiten zu erhalten und sogar zu steigern. Jeder Tag mit geistiger Aktivität hält den Verfall auf und steigert gar die Leistungsfähigkeit.
An jedem Tag sollte geübt werden, auch am Samstag und Sonntag.
Am besten ist das Training am morgen, vielleicht noch nachmittags.

Womit soll man trainieren? Es gibt einfache Heftchen, Kartenspiele, Kassetten usw. Typische Aufgaben findet man in dieser Broschüre. Am Schluß stehen weiterführende Angaben. Man kann, wenn man das Prinzip begriffen hat, auch Aufgaben aus dem Kopf entwerfen. Um sich geistig fit zu halten oder zu machen, sind keine Geräte oder Vorrichtungen nötig. Und man kann jederzeit und überall anfangen.

Was ist dabei zu tun? Wie ist das Prinzip?
Innerhalb von fünf bis zehn Minuten bringt man dabei das Gehirn in Schwung, erst durch einfache, dann schwerere Aufgaben.
Danach ist man meist besser als sonst in der Lage, geistig wieder voll zuzupacken und sich die Alltagsaufgaben vorzunehmen oder neue Aufgaben zu stellen.
Wie die grundlegenden Gehirn-Jogging-Aufgaben aussehen, und worauf es beim Gehirn-Jogging ankommt, erfahren Sie auf den folgenden Seiten.

WELCHE GEISTIGEN FÄHIGKEITEN TRAINIEREN?

Die wichtigste Größe für die geistige Leistungsfähigkeit ist der **Kurzspeicher**. Er ist die Zentrale für die bewußte Informationsverarbeitung. Er steht zum Beispiel im Mittelpunkt, wenn wir folgende Aufgabe durchführen, die als "Kurzspeicherdehner" bezeichnet wird:

> Stellen Sie sich das Wort **KURZSPEICHER**
> *im Kopf* vor.
> Welche Wörter kann man daraus bilden? Beispiele sind:
>
> KURZ, SPEICHER, REIHER, REICH
>
> Es gelten nur Buchstaben, die im Duden vorkommen, also keine Eigennamen. Außerdem dürfen nur Buchstaben genommen werden, die im Ausgangswort KURZSPEICHER enthalten sind, also beispielsweise nicht PRESSE, weil S nur einmal vorhanden ist.
> Wissen Sie noch weitere Wörter?
> Schreiben Sie sie bitte hierher:..
>
> ....

Probieren Sie es selbst aus. Sie werden feststellen,

1) daß Ihnen die Wörter und Buchstaben, mit denen Sie gerade geistig jonglieren, unmittelbar gegenwärtig, also bewußt sind,
2) daß sie nicht viele Buchstaben oder Wörter im Kurzspeicher verfügbar halten können, daß er also ein sehr begrenztes Fassungsvermögen hat und
3) daß die Vorgänge anstrengend sind, also Energie kosten. Je weiter die Buchstaben, die Sie zusammensetzen, an ver-

schiedenen Stellen des Ausgangswortes KURZSPEICHER stehen, desto stärker strengt der Vorgang an.

Im Kurzspeicher findet also das Informationsmanagement statt. Er setzt sich aus zwei Komponenten zusammen. Diese sind

a) die **Informationsverarbeitungsgeschwindigkeit** und
b) die **Gegenwartsdauer**.

Was soll man sich darunter vorstellen?

Informationsverarbeitungsgeschwindigkeit: Um die folgenden durcheinandergeschüttelten Buchstaben zu lesen, benötigen wir mehrere Sekunden. Probieren Sie es halblaut oder still:

H I P T G W B S A D K I L X F N O M D

Auch das Rechnen von Aufgaben wie diesen:

8 mal 14 = ?
oder:
13 mal 24 = ?

dauert manchmal viele Sekunden. Schuld daran ist unsere begrenzte Informationsverarbeitungsgeschwindigkeit. Wegen ihrer Begrenzung benötigen wir für viele Vorgänge so lange. Deshalb zieht sich beispielsweise das Lesen eines Buches oft über mehrere Stunden und Tage hin.
Wenn die Informationsverarbeitungsgeschwindigkeit nur 10 Prozent schneller wird, nehmen wir alles beträchtlich rascher wahr, erfassen viele Situationen schneller, denken zügiger, lesen ein Buch rascher aus, können die Diskussionen anderer besser verfolgen usw.
Das Training der Informationsverarbeitungsgeschwindigkeit bringt also auf vielen Gebieten einen Gewinn. Deshalb ist es so wichtig.

Gegenwartsdauer: Lesen Sie diesen Satz:

"Das Gehirn muß täglich arbeiten."

Auch wenn Sie jetzt in die Luft schauen, ist der ganze Satz noch da. Er ist gegenwärtig.
Obwohl Sie beim Lesen des ersten Wortes "Das" bis zum letzten "arbeiten" über eine Sekunde brauchen, ist das, was Sie in mehr als einer Sekunde gelesen hatten, unmittelbar bewußt. Die Dauer, in der etwas im Bewußtsein bleibt, heißt Gegenwartsdauer. Im Alltag wird sie bei allen möglichen Tätigkeiten gebraucht, beim Rechnen, beim Lesen, beim Zuhören usw. Deshalb ist es so wichtig, daß wir sie ständig trainieren.

Die Aufgaben für die Informationsverarbeitungsgeschwindigkeit und für die Gegenwartsdauer trainieren die zwei Komponenten des Kurzspeichers. Sie können ihn aber, wie oben gezeigt, auch direkt trainieren. Dabei üben Sie immer jene beiden Größen mit.

Gegenüber dem Kurzspeicher spielt das eigentliche **Gedächtnis** für die geistige Fitneß eine nur nachgeordnete Rolle. Ein guter Kurzspeicher bildet die Voraussetzung für ein gutes Gedächtnis. Deshalb ist es wichtig, zuerst den Kurzspeicher auf Trab zu bringen. Dann läuft vieles von alleine.

PRAKTISCHER TEIL

Zu jedem Aufgabentyp folgen nun 8 Übungsbeispiele.
Zu einer Übungseinheit gehören immer
eine ganze Übung
- **der Informationsverarbeitungsgeschwindigkeit und**
- **der Gegenwartsdauer.**

Wenn Sie dann noch Zeit und Lust haben, nehmen sie noch eine Übung
- **des Kurzspeichers.**

Wählen Sie beim erstenmal die Übungen 1, beim nächstenmal die Übungen 2 usw.
Die Übungen 1 finden Sie auf den Seiten 10, 27 und 41.

Kreuzen Sie zu Ihrer eigenen Kontrolle an, welche Übungen Sie durchgeführt haben.

	Informations-verarbeitungs-geschwindigkeit	Gegen-warts-dauer	Kurz-speicher
Übungen 1	❍ Seite 10	❍ Seite 27	❍ Seite 41
Übungen 2	❍ Seite 12	❍ Seite 29	❍ Seite 42
Übungen 3	❍ Seite 14	❍ Seite 31	❍ Seite 42
Übungen 4	❍ Seite 16	❍ Seite 33	❍ Seite 43
Übungen 5	❍ Seite 18	❍ Seite 35	❍ Seite 43
Übungen 6	❍ Seite 20	❍ Seite 37	❍ Seite 44
Übungen 7	❍ Seite 22	❍ Seite 39	❍ Seite 44
Übungen 8	❍ Seite 24	❍ Seite 40	❍ Seite 45

INFORMATIONSVERARBEITUNGSGESCHWINDIGKEIT

Was "Informationsverarbeitungsgeschwindigkeit" bedeutet, finden Sie ---> auf Seite 7.

Grundaufgaben für die Informationsverarbeitungsgeschwindigkeit
Übung 1

Dieses Zeichen ~~OO~~

bedeutet: Zwei gleiche Zeichen nebeneinander durchstreichen.

Beispiel: ~~OO~~

Rechts stehen immer zwei Buchstaben nebeneinander. Gehen Sie die Spalten von oben nach unten durch und prüfen Sie, ob zwei gleiche Buchstaben nebeneinander stehen. Wenn Sie zwei gleiche gefunden haben, streichen Sie diese bitte durch. In der vorderen Spalte haben wir sie angestrichen, in der hinteren tun Sie es bitte selbst. - Vier sind durchzustreichen: GG, LL, CC und PP.

KL	GG
~~UU~~	PS
ZM	WC
HK	LL
~~LL~~	CC
EW	BG
~~DD~~	PP

Und jetzt die konkrete Übung auf der nächsten Seite: Sobald Sie die vordere Spalte bearbeitet haben, nehmen Sie sich die zweite rechts daneben vor und so weiter. Bitte arbeiten Sie rasch. Wenn Sie mal einen Fehler machen, ist es nicht so schlimm. Dennoch sollten Sie Fehler möglichst meiden. Arbeiten Sie dann lieber etwas langsamer.

Spalte

1	2	3	4	5	6	7	8	9	10
ER	DD	QI	WS	WP	PW	KW	XL	TT	DO
HW	IM	AI	CG	ZZ	ZZ	WX	UU	QQ	KT
XX	WL	JG	PP	DP	CG	NN	MV	CY	XK
ZN	WW	AQ	PL	PP	DÖ	RR	XI	JJ	KA
XO	LW	AS	JD	LA	OO	WK	KK	KE	VV
OE	GR	JK	AG	VC	LL	DO	WW	LG	BB
HW	IM	BI	CG	ZK	PO	WX	UU	WW	KT
EE	HH	KD	WL	XO	RR	BH	LM	DD	YY
MI	DX	HH	ER	KK	KA	WW	JE	XX	RR
IE	DD	UZ	WS	WP	RQ	CV	LL	TT	ER
JJ	OP	JJ	WW	QA	CG	II	SD	YY	PF
GD	KU	TT	EK	YK	AA	QL	BO	DX	FH
3 ...	4 ...	2 ...	2 ...	3 ...	5 ...	3 ...	5 ...	7 ...	4 ...

Zählen Sie nun zusammen, wieviele Sie durchgestrichen haben. Schreiben Sie diese Zahl unter jede Spalte.

Grundaufgaben für die Informationsverarbeitungsgeschwindigkeit Übung 2

Dieses Zeichen ~~OO~~

bedeutet: Zwei gleiche Zeichen nebeneinander durchstreichen.

Beispiel:

Diesmal folgen nicht Buchstaben wie beim letztenmal, sondern Zahlen. Bitte immer so durchstreichen, wie es rechts geschehen ist:

~~OO~~
40
~~99~~
74
~~11~~

Bearbeiten Sie bitte auf der nächsten Seite erst die vordere Spalte, dann die zweite rechts daneben und so weiter. Bitte rasch arbeiten!

Spalte

1	2	3	4	5	6	7	8	9	10
47	11	88	28	25	77	82	08	26	88
51	23	50	66	09	30	22	99	51	35
26	13	22	24	30	53	22	06	55	58
33	07	33	92	00	34	11	00	93	10
54	20	00	04	18	22	24	09	00	55
33	90	88	25	95	11	66	90	06	12
16	34	82	11	13	48	70	03	21	44
74	11	44	78	23	44	26	01	46	99
52	02	66	99	34	37	11	12	66	40
88	33	74	47	20	00	82	44	34	77
79	45	50	66	16	06	44	83	61	34
63	00	95	44	66	98	61	14	33	57
41	98	22	56	47	33	99	09	16	22
3...	3...	8...	5...	2...	6...	7...	3...	4...	6...

Zählen Sie nun zusammen, wieviele Sie durchgestrichen haben. Schreiben Sie diese Zahl unter jede Spalte.

Grundaufgaben für die Informationsverarbeitungsgeschwindigkeit Übung 3

Dieses Zeichen ~~OOO~~

bedeutet: Drei gleiche Zeichen nebeneinander durchstreichen.

Beispiel:

~~OOO~~

Gleich folgen immer drei Buchstaben nebeneinander. Gehen Sie die Spalten von oben nach unten durch und prüfen Sie, ob drei gleiche Buchstaben nebeneinander stehen. Wenn Sie drei gleiche gefunden haben, streichen Sie diese bitte durch.

EGI
UTQ
~~FFF~~
MNM
~~GGG~~

Bearbeiten Sie bitte auf der nächsten Seite erst die erste Spalte, dann die zweite rechts daneben und so weiter. Bitte arbeiten Sie rasch!

~~OOO~~

Spalte

1	2	3	4	5	6	7	8	9	10
ERR	RDD	LQI	PWS	IWP	UHW	~~MMM~~	WAI	CQG	~~ZZZ~~
~~ZZZ~~	EWX	~~UUU~~	~~QQQ~~	KTK	QXK	WIL	JQG	PPL	DPD
CIG	~~NNN~~	OMV	CYG	XKE	~~NNN~~	LMW	AQQ	PLQ	~~PPP~~
DAÖ	KDR	XII	~~JJJ~~	KAF	XOX	LWX	AAS	~~OOO~~	LAQ
~~OOO~~	QWK	KKP	KKE	~~VVV~~	QWK	~~OOO~~	~~KKK~~	WKI	ZTJ
NND	JIJ	WXS	~~ZZZ~~	TFW	OOE	~~RRR~~	JPK	AGO	VCI
~~LLL~~	DOO	~~WWW~~	LGS	~~BBB~~	WEI	~~HHH~~	LKD	HWL	XOL
PZW	EKW	XLU	~~TTT~~	DOS	~~RRR~~	BKH	LMQ	DED	~~YYY~~
IMI	DXA	~~HHH~~	~~RRR~~	WKG	GKA	~~WWW~~	JLE	~~XXX~~	~~RRR~~
OGD	KKU	~~TTT~~	EOK	YKA	~~AAA~~	QQL	BWO	DXW	FHK
FGH	~~PPP~~	WRB	QXM	~~XXX~~	ZNN	LIW	~~DDD~~	~~NNN~~	HPJ
3 ...	2 ...	4 ...	5 ...	3 ...	3 ...	5 ...	2 ...	3 ...	4 ...

Zählen Sie nun zusammen, wieviele Sie durchgestrichen haben. Schreiben Sie diese Zahl unter jede Spalte.

Grundaufgaben für die Informationsverarbeitungsgeschwindigkeit Übung 4

Dieses Zeichen ~~OOO~~

bedeutet: Drei gleiche Zeichen nebeneinander durchstreichen.

Beispiel: ~~OOO~~

Diesmal folgen nicht Buchstaben wie beim letztenmal, sondern Zahlen. Bitte immer so durchstreichen, wie es rechts geschehen ist:

240
~~222~~
631
~~555~~

Bearbeiten Sie bitte auf der nächsten Seite erst die erste Spalte, dann die zweite rechts daneben und so weiter. Bitte arbeiten Sie rasch!

~~000~~

Spalte

1	2	3	4	5	6	7	8	9	10
188	822	497	037	730	583	333	357	399	000
000	132	555	999	565	925	374	699	000	202
379	222	134	319	251	022	433	599	049	000
250	528	277	666	550	212	432	557	162	459
111	935	550	551	444	935	111	555	357	066
222	676	327	000	603	111	888	605	591	437
444	211	333	497	444	317	729	452	834	214
003	153	245	666	217	888	458	439	212	111
666	899	190	537	777	919	000	555	257	976
737	225	888	888	359	955	333	641	222	888
192	555	666	115	155	555	994	431	223	085
5 ...	2 ...	4 ...	5 ...	3 ...	3 ...	5 ...	2 ...	2 ...	4 ...

Zählen Sie nun zusammen, wieviele Sie durchgestrichen haben.
Schreiben Sie diese Zahl unter jede Spalte.

Grundaufgaben für die Informationsverarbeitungsgeschwindigkeit Übung 5

Dieses Zeichen 

bedeutet: Sind in der gezeigten Richtung schräg zwei Zeichen gleich, dann streichen Sie diese durch.

Beispiel:

In den Spalten stehen immer zwei Buchstaben nebeneinander. Gehen Sie die Spalten von oben nach unten durch und prüfen Sie, ob zwei gleiche Buchstaben schräg übereinander stehen. Wenn Sie zwei gleiche gefunden haben, streichen Sie diese bitte durch. Sobald Sie die erste Spalte bearbeitet haben, nehmen Sie sich die nächste dahinter vor.

DP	TW
PW	WG
IN	DG
NA	GK
HD	IL
KI	HQ
IM	QN

In der hinteren Spalte beim Beispiel gibt es drei Richtige: WW, GG, QQ.

Nun machen Sie auf der nächsten Seite weiter. Arbeiten Sie bitte rasch!

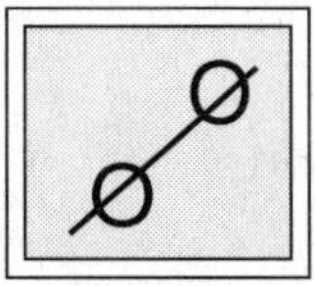

Spalte

1	2	3	4	5	6	7	8	9	10
EZ	DW	QI	WS	WP	HW	IM	0J	CG	ZS
WC	WX	IU	GP	KT	WK	MB	JG	PL	TP
CG	BN	MV	CY	XK	ZN	MW	0Q	LL	PS
DÖ	KR	XI	JJ	K0	ÖO	LW	0S	JD	LR
FO	WJ	SX	KE	VI	WO	WO	KJ	WK	ZV
KD	J0	XS	EZ	TF	OE	GD	JK	0G	VC
LQ	DO	KW	LW	BD	EN	HU	KD	WL	XO
IW	KW	XL	TE	DY	NR	BH	LM	DE	YR
MI	DK	HO	ER	KK	K0	SW	JE	XO	RB
ID	KU	EF	EG	YK	JX	UL	BO	DS	FH
DU	RR	FI	GK	KQ	XÖ	LW	OS	SF	YV
3	3	3	3	3	5	3	4	2	2

Zählen Sie nun zusammen, wieviele Sie durchgestrichen haben.
Schreiben Sie diese Zahl unter jede Spalte.

Grundaufgaben für die Informationsverarbeitungsgeschwindigkeit
Übung 6

Dieses Zeichen 

bedeutet: Sind in der gezeigten Richtung schräg zwei Zeichen gleich, dann streichen Sie diese durch.

Beispiel: 

In den Spalten stehen immer zwei Buchstaben nebeneinander. Bitte prüfen Sie, ob zwei gleiche Buchstaben schräg übereinander stehen. Wenn Sie zwei gleiche gefunden haben, streichen Sie diese bitte durch. Sobald Sie die erste Spalte bearbeitet haben, nehmen Sie sich die nächste dahinter vor.

KL	GU
HK	LK
IN	DG
EI	GD
AK	QL
NI	HQ
QN	KH

In der hinteren Spalte beim Beispiel gibt es drei Richtige: DD, QQ, HH.

Nun machen Sie auf der nächsten Seite weiter. Arbeiten Sie bitte rasch!

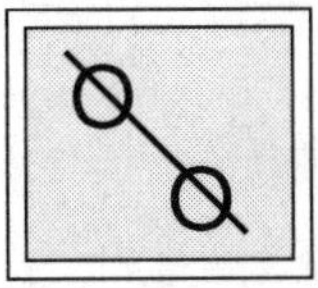

Spalte

1	2	3	4	5	6	7	8	9	10
EZ	DI	QI	WS	WP	HE	WM	UI	CG	PS
WL	WD	IU	LP	KZ	XK	WW	JG	PL	TP
CG	BN	MV	CY	XK	DC	EW	SQ	PL	PS
DC	KB	XI	DJ	K0	ÖD	LE	PS	JD	TV
FO	WC	SP	KE	TI	WK	PO	KJ	WK	ZT
KD	JP	XS	WZ	TF	LK	GD	JK	0G	VC
LK	DJ	VW	KW	BV	IL	HU	KK	WL	JO
RG	IN	MV	KK	XK	ZA	MH	MW	LL	SJ
II	KW	XL	EW	DY	DR	XH	LM	DE	YK
QS	YX	OH	RN	KM	SD	LA	EQ	YD	BF
MN	DY	HO	ER	BK	K0	SL	FE	XO	RB
0M	KU	EF	EK	YK	JS	LK	BO	DX	FH
...	...	...	...	...	...	...	...	...	...

Zählen Sie nun zusammen, wieviele Sie durchgestrichen haben. Schreiben Sie diese Zahl unter jede Spalte.

Grundaufgaben für die Informationsverarbeitungsgeschwindigkeit Übung 7

Dieses Zeichen 

bedeutet: Sind drei Zeichen in diesem Winkel gleich, dann streichen Sie sie durch.

Beispiel:

Es folgen immer drei Buchstaben nebeneinander. Gehen Sie die Spalten von oben nach unten durch und prüfen Sie, ob drei gleiche Buchstaben wie ein Winkel beieinander stehen. Wenn Sie drei gleiche gefunden haben, streichen Sie diese bitte durch.

Probieren Sie es in der hinteren Spalte selbst.
Drei sind richtig: DDD, CCC und YYY.
Bitte rasch arbeiten!

LKL	GHJ
GLE	DFD
TGA	SDF
PWP	CFC
ZPQ	ACG
ASL	QXF
BMB	YGY
VGM	BYP

Drei sind richtig: DDD, CCC und YYY.

Nun machen Sie bitte auf der nächsten Seite weiter. Arbeiten Sie wieder rasch!

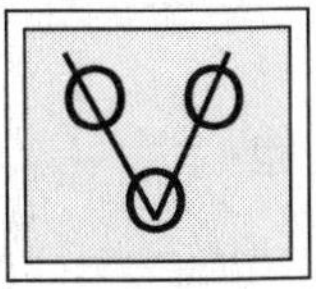

Spalte

1	2	3	4	5	6	7	8	9	10
ERR	RDD	LQI	PWS	IWP	UHW	MAM	WAI	GQG	ZFZ
ZAZ	EMX	UGU	QHQ	KZK	QZK	WML	JUJ	PGL	DZD
CZG	NPN	OUV	CQG	XKE	ZNN	LNW	AJQ	PLQ	PAP
DAD	KNR	XII	JJJ	KPF	XDX	LWX	AAS	OJO	LAL
OXO	QWK	KKP	KJE	VIV	QXK	OCX	KRK	WOI	ZLJ
NOD	JIJ	WKS	ZKZ	TVP	OIO	RJR	JKK	AZO	VCI
LOL	DJO	WLW	LZS	BNB	WOI	HTH	LWD	HWL	XBL
AAA	EMX	UWU	QHQ	BBB	QAB	WHL	JUG	PQL	DPD
PZW	EHW	XUU	TQT	DOS	RZR	BKH	LMQ	DTD	YDY
IRI	DXA	HSH	RGR	WYG	GRA	WUW	JHE	XAX	RMR
GIG	KGR	XHI	JRJ	RPR	XGX	LWX	EEE	OXG	LRQ
OGD	KWU	TTT	EXK	YRA	AAD	QQL	BEO	DXW	IFH
...	...	...	...	...	...	...	...	...	...

Zählen Sie nun zusammen, wieviele Sie durchgestrichen haben. Schreiben Sie diese Zahl unter jede Spalte.

Grundaufgaben für die Informationsverarbeitungsgeschwindigkeit
Übung 8

Und nun wird jede Spalte anders durchgestrichen. Achten Sie jedesmal auf das Zeichen über den Spalten.

1	2	3	4	5
RR	20	QI	PWS	IWP
AZ	34	GU	QQQ	KZK
IG	41	MV	CYG	XKE
AD	08	XI	JJJ	KVK
XO	89	KX	KKE	VIV
ND	65	SK	ZKZ	TFP
OL	28	LW	LGS	FNF
AA	77	UO	QHQ	BAB
ZW	72	XU	TYT	AOA
RI	20	SH	RRR	WYG
EG	56	TI	JJJ	KPF
GG	61	TT	EXK	YRA
...	...	...	...	...

Zählen Sie nun zusammen, wieviele Sie durchgestrichen haben. Schreiben Sie diese Zahl unter jede Spalte.

 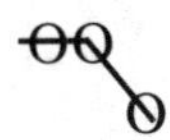   

6	7	8	9	10
UHW	MAM	WAI	1111	ZDZDP
QZK	WWI	JUQ	4789	DPDOD
NJN	LNW	QQU	0123	WPAPF
XNX	LWX	AAS	4444	PLAQD
QWK	OCX	KRK	9402	UZPZV
OIO	HHR	JPK	1964	ZVZCZ
WOI	HTH	LWD	2228	XBLUT
QAB	WIL	DDJ	0040	DSGPD
RZR	BKH	LMQ	3333	OYWYP
GRA	WUW	JHE	9140	YRYMY
XGX	LLX	EES	3713	LEQQW
AXD	QQL	BWO	7777	FUPHK
...	...	...	...	...

Zählen Sie nun zusammen, wieviele Sie durchgestrichen haben. Schreiben Sie diese Zahl unter jede Spalte.

GEGENWARTSDAUER

Was "Gegenwartsdauer" bedeutet, finden Sie --> auf Seite 8.

Wenn Ihnen die Einführung in das MAT-Gehirn-Jogging Spaß macht, können Sie mit den Basis-Übungen weitermachen:

MAT-Gehirn-Jogging

Basis-Übungen
zum mentalen Aktivierungstraining
S. Lehrl, M. Lehrl, E. Weickmann

Diese Übungsbücher bieten die Möglichkeit, ein Gehirn-Jogging-Training wie eine 6-Wochen-Kur durchzuführen. Jeder der beiden Bände umfaßt 42 relativ kurzgefaßte und einfache Übungseinheiten. Bei täglicher Durchführung einer Einheit bietet jeder Band somit Übungsmaterial für 6 Wochen.
Die Übungseinheiten sind nicht umfangreich. Sie sind gezielt darauf ausgerichtet, rasch die geistige Leistungsfähigkeit anzuregen und fit zu machen für die Anforderungen des Alltags.

Grundaufgaben für die Gegenwartsdauer
Übung 1 Vorderseite

Schauen Sie etwa fünf Sekunden lang die folgenden Buchstaben an. Drehen Sie dann das Blatt um. Auf der Rückseite stehen in der gleichen Höhe diese Buchstaben, aber einer fehlt. Welcher ist das?

o B M T G

Wieder ungefähr fünf Sekunden anschauen, dann Blatt wenden.

*** 8 2 6 1 4**

Wieder ungefähr fünf Sekunden anschauen, dann Blatt wenden.

x kov bes ril sed

Wieder ungefähr fünf Sekunden anschauen, dann Blatt wenden.

- Paris Stockholm London Rom Lissabon

Wieder ungefähr fünf Sekunden anschauen, dann Blatt wenden.

+ Baum Hut Kalb Bach Zug

Grundaufgaben für die Gegenwartsdauer
Übung 1 Rückseite

Welcher Buchstabe von der Vorderseite fehlt?

o B M **T G**

Welche Ziffer von der Vorderseite fehlt?

*** 8 2 6** 1 **4**

Welche Silbe von der Vorderseite fehlt?

x KDV **bes ril sed**

Welche Stadt von der Vorderseite fehlt?

- Paris Stockholm London ROM **Lissabon**

Welches Wort von der Vorderseite fehlt?

+ Baum Hut KALB **Bach Zug**

Grundaufgaben für die Gegenwartsdauer
Übung 2 Vorderseite

Etwa fünf Sekunden lang anschauen. Dann Blatt umdrehen. Diesmal ist aber ein Zeichen zuviel. Welches ist das?

o GHWM

Wieder ungefähr fünf Sekunden anschauen, dann Blatt wenden.

*** 34195**

Wieder ungefähr fünf Sekunden anschauen, dann Blatt wenden.

x sil wur bik dem

Wieder ungefähr fünf Sekunden anschauen, dann Blatt wenden.

- England Schweiz Italien Finnland China

Wieder ungefähr fünf Sekunden anschauen, dann Blatt wenden.

+ Brücke Stern Kamel Auto Wald

Grundaufgaben für die Gegenwartsdauer
Übung 2 Rückseite

Welcher Buchstabe von der Vorderseite ist zuviel?

o G H P W M

Welche Zahl von der Vorderseite ist zuviel?

*** 2 3 4 1 9 5**

Welche Silbe von der Vorderseite ist zuviel?

x sil wur bik dem lom

Welches Land von der Vorderseite ist zuviel?

- Frankreich England Schweiz Italien Finnland China

Welches Wort von der Vorderseite ist zuviel?

+ Brücke Ball Stern Kamel Auto Wald

Grundaufgaben für die Gegenwartsdauer
Übung 3 Vorderseite

Etwa fünf Sekunden lang anschauen. Dann Blatt umdrehen. Diesmal ist ein Zeichen falsch. Welches ist das?

o V S T L

Wieder ungefähr fünf Sekunden anschauen, dann Blatt wenden.

*** 7 1 5 2 9**

Wieder ungefähr fünf Sekunden anschauen, dann Blatt wenden.

x LUB SEK FOM WAZ

Wieder ungefähr fünf Sekunden anschauen, dann Blatt wenden.

- froh lieb klar gelb groß

Wieder ungefähr fünf Sekunden anschauen, dann Blatt wenden.

+ Hund Maus Hecht Bär Rabe

Grundaufgaben für die Gegenwartsdauer
Übung 3 Rückseite

Welcher Buchstabe ist falsch?

o VSTG

Welche Ziffer ist falsch?

*** 71629**

Welche Silbe ist falsch?

x LOB SEK FOM WAZ

Welches Wort ist falsch?

- froh lieb klar rot groß

Welches Wort ist falsch?

+ Hund Ratte Hecht Bär Rabe

Grundaufgaben für die Gegenwartsdauer
Übung 4 Vorderseite

Etwa fünf Sekunden lang anschauen. Dann Blatt umdrehen. Diesmal aus dem Kopf so viel wie möglich hinschreiben.

o **O R D B**

Wieder ungefähr fünf Sekunden anschauen, dann Blatt wenden.

* **5 2 6 8 3**

Wieder ungefähr fünf Sekunden anschauen, dann Blatt wenden.

x **guk wol dit rew**

Wieder ungefähr fünf Sekunden anschauen, dann Blatt wenden.

- **Stadt Fluß Wolke Land Name**

Wieder ungefähr fünf Sekunden anschauen, dann Blatt wenden.

+ **klein blau trocken brav echt**

Grundaufgaben für die Gegenwartsdauer
Übung 4 Rückseite

Welche Buchstaben von der Vorderseite gehören hierher?

o O R D B

Welche Zahlen von der Vorderseite gehören hierher?

***** 5 2 6 8 3

Welche Silben von der Vorderseite gehören hierher?

x GUR WOL DIT REV

Welche Wörter von der Vorderseite gehören hierher?

- Stadt Fluß Wolke LAND NAME

Welche Wörter von der Vorderseite gehören hierher?

+ Klein blau trocken braun echt

Grundaufgaben für die Gegenwartsdauer
Übung 5 Vorderseite

Etwa fünf Sekunden lang anschauen. Dann Blatt umdrehen. Welche Reihe ist dort die richtige? Diese unterstreichen.

o P N H U

Wieder ungefähr fünf Sekunden anschauen, dann Blatt wenden.

*** 8 3 0 9 6**

Wieder ungefähr fünf Sekunden anschauen, dann Blatt wenden.

x for xil dew kun

Wieder ungefähr fünf Sekunden anschauen, dann Blatt wenden.

- Fahrt Gruß Stand Brot Frau

Wieder ungefähr fünf Sekunden anschauen, dann Blatt wenden.

+ kurz hoch hell gar wild

Grundaufgaben für die Gegenwartsdauer
Übung 5 Rückseite

Die richtige Reihe unterstreichen:

o	M N H U	P N H U	P N H A

Die richtige Reihe unterstreichen:

*	8 3 0 9 6	7 3 0 9 6	8 3 1 9 6

Die richtige Reihe unterstreichen:

x	for xil dew kun	fir xul dew kun	for dil kew run

Die richtige Zeile unterstreichen:

-	Furt	Gruß	Stunde	Brot	Frau
	Fahrt	Größe	Stand	Brut	Frau
	Fahrt	Gruß	Stand	Brot	Frau

Die richtige Zeile unterstreichen:

+	kurz	hoch	hell	gar	wild
	lang	tief	hell	gar	zahm
	kurz	hoch	hell	gerade	warm

Grundaufgaben für die Gegenwartsdauer
Übung 6

Decken Sie jeweils die rechte Hälfte der Seite mit der Hand ab. Dann schauen Sie die linke Hälfte etwa fünf Sekunden lang an. Anschließend decken Sie die linke Hälfte zu und streichen rechts die richtige Reihe durch.

Beispiel:

U		**U**	~~**U**~~	**U**
K		**K**	~~**K**~~	**K**
D		**D**	~~**E**~~	**D**

Bitte versuchen Sie es jetzt selbst.

V		**W**	**V**	**V**
S		**S**	**S**	**I**
T		**Z**	**T**	**T**

Wieder ungefähr fünf Sekunden anschauen.

7		**6**	**7**	**7**
1		**1**	**1**	**1**
5		**5**	**6**	**5**
2		**9**	**2**	**2**

Grundaufgaben für die Gegenwartsdauer
Übung 6 Fortsetzung

Wieder ungefähr fünf Sekunden anschauen.

LUB	**LUB**	**LUB**	**LUB**
SEK	**SEK**	**SEK**	**SEK**
FOM	**FAM**	**FOM**	**WAZ**

Wieder ungefähr fünf Sekunden anschauen.

fahl	**fahl**	**fahl**	**fahl**
leicht	**leicht**	**leicht**	**schwer**
warm	**warm**	**warm**	**warm**
grün	**gelb**	**grün**	**grün**

Wieder ungefähr fünf Sekunden anschauen.

Aal	**Aal**	**Aal**	**Aal**
Igel	**Igel**	**Egel**	**Igel**
Star	**Stier**	**Star**	**Star**
Kuh	**Kuh**	**Maus**	**Kuh**

Grundaufgaben für die Gegenwartsdauer
Übung 7

Wieder die rechte Seite mit der Hand abdecken. Dann linke Seite etwa fünf Sekunden lang anschauen. Anschließend diese Seite zudecken und rechts die richtige Reihe durchstreichen.

D	**W**	**D**	**D**
A	**A**	**I**	**A**
P	**Z**	**P**	**P**

Wieder ungefähr fünf Sekunden anschauen.

0	**0**	**0**	**0**
1	**1**	**1**	**1**
5	**5**	**9**	**5**
4	**9**	**4**	**4**

Wieder ungefähr fünf Sekunden anschauen.

WEL	**WEL**	**WEL**	**WEL**
ZEF	**ZEF**	**ZEF**	**ZEF**
WAZ	**WAZ**	**FOM**	**WIZ**

Wieder ungefähr fünf Sekunden anschauen.

HAUS	**HAUS**	**HAUS**	**HÜTTE**
BURG	**BURG**	**BURG**	**BURG**
SAND	**SAND**	**SAND**	**WIND**
EILE	**ZEILE**	**EILE**	**EILE**

Grundaufgaben für die Gegenwartsdauer
Übung 8

Wieder die rechte Seite mit der Hand abdecken. Dann linke Seite etwa fünf Sekunden lang anschauen. Anschließend diese Seite zudecken und rechts die richtige Reihe durchstreichen.

G	**W**	**G**	**D**
R	**R**	**I**	**A**
X	**Z**	**P**	**X**

Wieder ungefähr fünf Sekunden anschauen.

2	**0**	**2**	**6**
5	**5**	**1**	**1**
8	**5**	**9**	**8**
1	**9**	**1**	**4**

Wieder ungefähr fünf Sekunden anschauen.

REL	**WEL**	**REL**	**WUL**
POZ	**POZ**	**ZEF**	**ROF**
XAG	**XAG**	**FOM**	**WIZ**

Wieder ungefähr fünf Sekunden anschauen.

MAUS	**MAUS**	**HAUS**	**MOTTE**
BACH	**BURG**	**BACH**	**BUCH**
OST	**OST**	**SAND**	**WIND**
ROT	**ZIER**	**EILE**	**ROT**

KURZSPEICHER

Was "Kurzspeicher" bedeutet, finden Sie ---> auf Seite 6.
Bei allen Aufgaben für den Kurzspeicher ist wichtig, daß Sie diese im Kopf ausführen. Also nicht mitschreiben.
Aufgaben, wie die folgenden, können Sie sich schon morgens, gleich nach dem Aufwachen stellen. Lassen Sie sich ein längeres Wort einfallen. Bilden Sie neue Wörter mit den Buchstaben dieses Wortes. Sie werden feststellen, daß Sie sich dadurch meist viel munterer fühlen. Dann können Sie leicht darüber nachdenken, was Sie anschließend tun werden. Und tun Sie es dann auch wirklich.

Aufgabe 1 für den Kurzspeicher

Stellen Sie sich das Wort **SONNENSCHEIN** im Kopf vor.

Welche Wörter kann man daraus bilden?
Beispiele sind: SONNE, EI, SCHEIN, SEIN

Wissen Sie fünf weitere Wörter? Schreiben Sie sie bitte hierher:

SCHON NEIN EIN NONE NONNE

Achtung: Es gelten nur Wörter, wie sie in Wörterbüchern oder dem Duden stehen. In jedem neuen Wort dürfen nur Buchstaben genommen werden, die in SONNENSCHEIN vorkommen. Also beispielsweise nicht HOHN, weil H nur einmal vorhanden ist.

Aufgabe 2 für den Kurzspeicher

Stellen Sie sich das Wort **FREUNDLICH** im Kopf vor.

Welche Wörter kann man daraus bilden? Beispiele sind: ICH oder UND.

Wissen Sie noch fünf Wörter? Schreiben Sie sie bitte hierher:

FREUD RUDEL FREUND LUDER

FUDER FINDER DER DIR RIEF

Aufgabe 3 für den Kurzspeicher

Stellen Sie sich das Wort **HERRLICH** im Kopf vor.

Welche Wörter kann man daraus bilden? Beispiele sind: ER oder ICH.

Wissen Sie noch fünf weitere Wörter? Schreiben Sie sie bitte hierher:

HERR REICH HEHR HER IHLE

HIER

Aufgabe 4 für den Kurzspeicher

Stellen Sie sich das Wort **WUNDERBAR** im Kopf vor.

Welche Wörter kann man daraus bilden? Beispiele sind: DER oder UND.

Wissen Sie noch fünf Wörter? Schreiben Sie sie bitte hierher:

WUNDER BAR ARBER WUNDE

WUND WAND RAND DARRE

Aufgabe 5 für den Kurzspeicher

Stellen Sie sich das Wort **TANNENBAUM** im Kopf vor.

Welche Wörter kann man daraus bilden? Beispiele sind: BAUM oder TAU.

Wissen Sie noch vier weitere Wörter? Schreiben Sie sie bitte hierher:

XTANNE XANNA ANNEX BANN

TEN BENX BENN XBUNT XNUT

TUN

Aufgabe 6 für den Kurzspeicher

Stellen Sie sich das Wort **TELEFONIEREN** im Kopf vor.

Welche Wörter kann man daraus bilden? Beispiele sind: NIERE oder NOTE.

Wissen Sie noch fünf Wörter? Schreiben Sie sie bitte hierher:

....

....

Aufgabe 7 für den Kurzspeicher

Stellen Sie sich das Wort **EINKAUFEN** im Kopf vor.

Welche Wörter kann man daraus bilden? Beispiele sind: EIN oder AUF.

Wissen Sie noch vier weitere Wörter? Schreiben Sie sie bitte hierher:

....

....

Aufgabe 8 für den Kurzspeicher

Stellen Sie sich das Wort **WEITERMACHEN** im Kopf vor.

Welche Wörter kann man daraus bilden? Beispiele sind: ER oder RACHEN.

Wissen Sie noch fünf Wörter? Schreiben Sie sie bitte hierher:

....

....

WANN SOLL MAN MIT DER ÜBUNG AUFHÖREN?

Wenn Sie eine Übungseinheit durchgeführt haben, haben Sie Ihr Gehirn trainiert. Wenden Sie sich dann wieder Ihrem Alltag zu.

Denn durch Gehirn-Jogging soll man sich für den Alltag geistig fit machen.

Wie kann man sich dem Alltag widmen? Bei einigen ist er vorgegeben. Sie haben berufliche oder sonstige Verpflichtungen, Bekanntschaften, Vereinstätigkeiten, Hobbies, wichtige Behördengänge. Sie liegen in der Pflicht und brauchen die geistige Energie, um diesen Pflichten mit Leichtigkeit und Freude nachzukommen.

Andere haben keinen vorgegebenen Alltag mehr. Sie müssen sich einen aufbauen, durch neue Ideen. Ein angeregter Geist kommt auf neue Ideen, ist kreativ. Man bildet neue Bekanntschaften, nimmt Hobbies wieder auf, die früher viel Freude gemacht haben, sucht in der Zeitung nach interessanten Veranstaltungen, besucht Stätten, für die man sich immer schon mal interessierte, holt sich ein Spiel hervor, das früher schon viel Freude gemacht hatte, oder sucht mal im Telefonbuch nach alten Klassenkameraden und Nachbarn. Mal schauen, wie es denen jetzt geht.

Vielleicht entdecken Sie auch Ihre Freude daran, anderen zu helfen, ein bißchen Licht in deren zurückgezogenes Leben zu bringen.

Was man nach Gehirn-Jogging alles leichter tun kann:

Den Tag planen,
etwas organisieren,
eine Reise vorbereiten,
sich mit anderen Personen treffen,
mit anderen Menschen sprechen,
eine Sprache lernen,
einkaufen,
einen längst fälligen Brief schreiben,
mit einem alten Bekannten telefonieren,
Pflichten im Verein wahrnehmen,
dynamisch lesen oder schnellesen
(hierüber gibt es Bücher),
ein Spiel machen, wie Patiencen legen,
mit anderen spielen.

Was fällt Ihnen noch ein?

....

....

Und nicht nur an die Aktivität denken: man muß **auch entspannen**. Keine Dauerhektik entfalten. Sie führt zur Erschöpfung und auf vielen Gebieten zur Krankheitsanfälligkeit.

Nach ein, zwei Stunden Aktivität entspannen. Vor allem dann, wenn eine Tätigkeit beginnt anstrengend zu werden, wenn Sie sich zwingen müssen, um weiterzumachen. Ruhen Sie aus, denken Sie an nichts oder nicht viel. Sprechen Sie dann aber auch nicht mit anderen. Denn ein Gespräch, eine Diskussion sind geistige Hochleistungen. Erst wenn Sie sich wieder unternehmungslustig fühlen, machen Sie sich fit, geistig fit. Dann können Sie erneut eine Übungseinheit Gehirn-Jogging in Angriff nehmen.

MATERIALIEN ZUM GEHIRN-JOGGING

Bücher:

- ❍ **Gehirn-Jogging: Selber Denken macht fit,** 304 Seiten
- ❍ **GeJo-Leitfaden,** 120 Seiten
- ❍ **MAT-Gehirn-Jogging,** Einführung, 48 Seiten
- ❍ **MAT-Gehirn-Jogging,** Übungsbuch I, 88 Seiten
- ❍ **MAT-Gehirn-Jogging,** Übungsbuch II, 88 Seiten

Spiele:

- ❍ **GeJoCard Kartenspiel**
- ❍ **GeJoLetra Buchstabenspiel**
- ❍ **GeJoLetra Computerprogramm,** Einzelversion für 1 Spieler
- ❍ **GeJoLetra Computerprogramm,** Gruppenversion für max. 99 Spieler

Übungshefte (jeweils 60 Seiten):

- ❍ **GeJo-Übungsprogramm 1** (schwer)
- ❍ **GeJo-Übungsprogramm 2** (mittelschwer)
- ❍ **GeJo-Übungsprogramm 3** (mittelschwer)
- ❍ **GeJo-Übungsprogramm 4** (leicht)
- ❍ **GeJo-Übungsprogramm 5** (mittelschwer)
- ❍ **GeJo-Übungsprogramm 6** (schwer)
- ❍ **GeJo-Übungsprogramm K1** (für Kinder)

GeJoPhon Toncassetten:

- ❍ **Grundkurs** (2 Cassetten + Begleitbuch)

Zeitschrift:

- ❍ ***GEISTIG FIT*** 4 x pro Jahr, Jahresabonnement
  (Mitgliederzeitschrift der Gesellschaft für Gehirntraining e.V.)

Aufgabensammlung:

- ❍ ***GEISTIG FIT*** Aufgabensammlung
  Alle Übungsaufgaben aus einem Jahrgang von *GEISTIG FIT* erscheinen jeweils zum Jahresende als gesonderte Aufgabensammlung

Alle Materialien erschienen im VLESS Verlag, 85560 Ebersberg